T0068295

# LAS MUJERES QUE DIOS AMÓ

# LAS MUJERES QUE DIOS AMÓ

*-La Mujer Samaritana - La Historia de Marta - La Historia de Maria*

1 DE 7

MARY ESCAMILLA

Número de Control de la Biblioteca del Congreso de EE. UU.: 2020911211
ISBN: Tapa Dura 978-1-5065-3282-0
Tapa Blanda 978-1-5065-3281-3
Libro Electrónico 978-1-5065-3280-6



Información de la imprenta disponible en la última página.

Fecha de revisión: 17/08/2020

**Para realizar pedidos de este libro, contacte con:**
Palibrio
1663 Liberty Drive
Suite 200
Bloomington, IN 47403
Gratis desde EE. UU. al 877.407.5847
Gratis desde México al 01.800.288.2243
Gratis desde España al 900.866.949
Desde otro país al +1.812.671.9757
Fax: 01.812.355.1576
ventas@palibrio.com
814175

# ÍNDICE

LAS GRANDES MUJERES DE DIOS, QUE ÉL AMÓ

# PRÓLOGO

## LAS MUJERES QUE DIOS AMÓ

En la historia siempre hubo, hay y seguirá habiendo grandes mujeres de Dios, pero nos vamos a remontar tiempo atrás hasta una época en especial. Dios amó a muchas mujeres, sí amado lector, aunque usted no lo crea, Él las amó y la Biblia habla de cada una de ellas. Qué extraordinarias mujeres de Dios porque también lo amaron con un infinito y grande amor y lo sirvieron con gran pasión.

Qué hermoso saber que aún existe ese gran amor, les invito a que lean este maravilloso libro, estas historias verdaderas y este amor infinito, con fuego, por parte de Dios para ellas y de ellas para Él. Las mujeres de Dios te harán recordar en cada palabra y en cada pasaje de qué manera ellas amaron a Dios, con todo su corazón. Y la entrega y el amor de ellas para Él son extraordinarios; ese amor tan grande y las pruebas que tuvieron que pasar para buscar el verdadero amor de Dios.

- Estériles
- Enamoradas
- Profetas
- Diaconisas
- Adoradoras

- Misioneras
- Maestras
- Rameras
- Evangelizadoras

Pero todas ellas fueron ungidas por el Espíritu Santo.

A Dios lo amaron desde el principio, en verdad, desde Reinas, Infieles, Rameras, Idólatras, Incrédulas, Adúlteras. E igual mujeres Fieles y Serviciales, así como Vírgenes, Esclavas, Siervas. Desde hijas de reyes hasta plebeyas, amaron a Dios. Todas ellas formaron el Cuerpo de Cristo.

Qué privilegio poder amar y tener esa capacidad, ese fuego, ese amor por Dios. Unas dejaron todo por ese gran amor, le sirvieron, lo adoraron, lo amaron, se postraron a sus pies.

Verdaderamente grandes mujeres que Él amó con ese amor puro e infinito que solamente Él lo puede dar. De la misma manera ese cuidado, esa cobertura y esa provisión que Él nos ofrece cuando lo amamos y en nuestra vida está en primer lugar en todo. Él fue su primer amor de todas.

Como está en la Escritura: Ama al Señor tu Dios con toda tu mente, con todo tu corazón, con toda tu alma.

SU AMOR

SU FE

SU ESPERANZA

SU ENTREGA

SU ARREPENTIMIENTO

Eso y mucho más siempre han caracterizado a las auténticas mujeres de Dios. La Biblia nos habla de esas maravillosas Mujeres que Dios Amó y las cuales entregaron su vida y rindieron su corazón al verdadero Dios. Desde María, la madre de Jesucristo; hasta María

Magdalena, la adúltera; Rahab, la ramera; así como Rut, la moabita; Débora, y la reina Ester, entre otras.

Nos podemos pasear por toda la Biblia y deleitarnos con las increíbles historias de todas y cada una de ellas. Nos gozamos al saber cuánto amaron a Dios evangelistas, guerreras, servidoras, guiadoras e instructoras. Siempre adelante, a ellas nada las detuvo por mucho sufrimiento, tribulaciones o persecuciones, con gozo amaron a su Señor, su Dios.

En estas hermosas y maravillosas historias de las mujeres de Dios, vas a conocer pasajes de muchas de ellas y su gran amor a Dios; desde madres, hijas, suegras, hermanas, abuelas, amantes, mentirosas, infieles, idólatras, servidoras, cuidadoras, amadoras, evangelizadoras, predicadoras fieles, instructoras. Unas con amargura, pero a todas ellas Dios las amó y las perdonó porque se arrepintieron y rindieron su vida a Él. Y con algunas de ellas podrás identificarte en un área de tu vida, ya que acontecieron muy parecidas a las tuyas.

Y Él también te ama a ti, no importa la condición en la que te encuentres o por lo que estés pasando, Él te ama así tal y como eres. Nunca dudes del amor de Dios porque es auténtico y verdadero. Él es el único que nunca te abandonará ni te dejará hasta el último día de tu vida. Él siempre estará contigo, confía en Él sobre todas las cosas y lo demás vendrá por añadidura. Él te ama mujer de Dios, tú eres su creación.

# LA CREACIÓN

Dios dijo; no es bueno que el hombre esté solo, le haré una mujer, e hizo su ayuda idónea.

Las Grandes Mujeres que Dios Ama tienen un entendimiento en la Palabra del Señor y siguen sus instrucciones.

Vamos a ver varios versículos de la Biblia donde se habla de las Mujeres que Dios Amó.

"Mujer virtuosa, ¿quién la hallará?" Proverbios 31:10.

Que vistan con ropa decorosa, que tengan pudor y modestia. Mujeres temerosas del Señor, que se sujeten a sus maridos, que sean sabias y entendidas.

Mujer virtuosa corona de su marido. Mujer agraciada alcanza honra. Las mujeres sabias edifican sus hogares.

Desde el principio, las mujeres han sido guerreras. Así como María la madre de Jesús, mujer valiente, entendida, llena de gracia, de amor y de misericordia, de sabiduría y justicia, y entregada al Señor nuestro Salvador. Aunque Él era su hijo, ella le llamaba mi Señor.

En varios pasajes de la Biblia encontramos muchas mujeres que Dios amó. Otra fue Ester, mujer valiente que se paró en la brecha para salvar a su pueblo. Así como Sifra y Fúa, ellas oyeron y siguieron la instrucción del Divino Maestro y preservaron la vida de los niños y no dieron muerte como quería el rey de Egipto.

Hasta llegaron a tener una Iglesia en su casa.

"Porque las mujeres de Dios son coherederas." Romanos 8:17.

Muchas de las promesas de Dios son para ellas, así como las hijas de Felipe, grandes servidoras y amadoras de Dios.

Las cuatro hijas de Felipe tenían el don de la profecía. Una de ellas, Priscila, la esposa de Aquila, fueron el matrimonio de colaboradores del apóstol Pablo, qué privilegio.

"Saludad a Trifena y a Trifosa, las cuales trabajan en el Señor. Saludad a la amada Pérsida, la cual ha trabajado mucho en el Señor." Romanos 16:12.

Siempre la visión profética del Salmo 68:9, dice que el Señor daba palabra y había grande multitud de las que llevaban la buenas nuevas, así como el bautismo, la unción, los dones. Son para las mujeres que Dios ama, eso y más.

¡No te dejes engañar!

La mente es un campo de batalla y ahí el enemigo trabaja para confundir a la mujer, como lo hizo con Eva.

Pero tenemos un Dios soberano y poderoso.

"Las mujeres, muy importantes en la creación de Dios y Adán, cuando supo que había sido tomada de su mismo cuerpo, dijo esto es ahora hueso de mis huesos y carne de mi carne." Génesis 2:23.

Pero éste era el plan de Dios, ese fue el propósito, crearle una ayuda idónea al hombre. Desde el principio fue un plan divino de Dios." Génesis 1:26.

"Cuando Dios dijo hagamos al hombre se refería al humano y lo creó a su imagen y semejanza." Génesis 1:27.

Porque dijo varón y hembra, los creó de esa manera y queda claro porque la palabra hebrea es Adamah (ser humano, hombre).

De manera que Dios dijo que sería la ayuda idónea del hombre y la mujer de Dios debe ser motivadora, inspiradora y guiada por el Espíritu para ser una mujer ejemplar para su marido e hijos, así como para la familia. Siempre es edificadora, tiene palabras de aliento para cada una de las personas porque es una mujer sabia y entendida.

Dios la creó para el hombre, que es la cabeza del hogar. Amadas, aprendamos de ellas, de estas Grandes Mujeres que Dios amó, porque a todas también nos ama, les llama hijas, porque somos 'la niña de sus ojos'.

Pueblo escogido coheredero; instrumento, siervas, obreras, discípulos, creyentes, Etc., ministradoras y evangelizadoras, porque en Cristo no hay diferencia, las mismas promesas para los hombres son para las mujeres, porque todos forman el mismo cuerpo de Cristo. Él no hace acepción de personas, en el Ministerio del Señor hubo profetisas y evangelistas, como la mujer samaritana aquí encontramos dos Ministerios anunciando mujeres las buenas nuevas del Salvador.

La sabiduría de Dios al crear a la mujer para que Adán pudiera reproducirse. ¡Qué maravilloso que la creó de la misma carne de Adán! y fue hueso de sus huesos y carne de su carne, a ella no la creó del polvo como lo hizo con Adán. ¡Qué bello plan tenía el Señor, qué propósito para la multiplicación de los humanos, y qué amor para la mujer.

Desde el principio ese era el plan de Dios. Cuando Dios formó a Adán y a Eva les llamó Adamah, no como un nombre personal, sino como identificación para un ser humano. De esa manera Dios dio dignidad a la mujer como ayuda idónea del hombre. Lo hizo bajo la perfección de la creación original para que vivieran en armonía.

La hizo de la costilla del hombre no de la cabeza, para que no se suba ahí, ni de los pies para ser pisoteada. Fue de su costilla, cerca del corazón, para que la amara, protegiera y cuidara. Como la cabeza que es el varón, así ella estará sujeta a su marido. Él tiene la autoridad en su hogar. Esa es la Instrucción Divina.

## MUJER, DIOS TE AMA, ERES SU CREACIÓN

**Eres la más bella**
**Eres obediente**
**Ámate a ti misma**
**Eres entendida**
**Eres preciosa**
**Eres amada**
**Eres sabia**
**Eres alabada**
**Eres honesta**
**Eres maravillosa**
**Eres valiente**
**Eres bonita**
**Eres entregada**
**Eres inteligente**
**Eres princesa**
**Llena de gracia**
**Eres única**
**Eres diligente**
**Eres ganadora**
**Eres guerrera**
**Eres poderosa**
**Eres amorosa**
**Eres fiel**
**Eres auténtica**
**Eres servidora**
**Eres adoradora**
**Eres creación de Dios.**

**Dios**

**Todopoderoso**

**Prueba mi**

**Paciencia y**

**Mi Fe.**

Mary Escamilla
Dra.

**Clamo a Dios**
**En la caída,**
**En el dolor**
**Y en la**
**Tribulación.**

**Señor, limpia**
**Mi corazón,**
**Sana mi alma,**
**Toca mi corazón**
**Y cambia**
**Mi mente.**

*Mary Escamilla*
Dra.

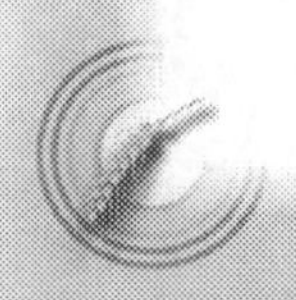

**Dios cura,**

**Dios sana,**

**Dios da**

**Abundancia**

**Y Dios está**

**Contigo.**

Mary Escamilla
Dra.

**Dios en su Palabra,**
**Da sanidad**
**A todo tu cuerpo.**

Mary Escamilla
Dra.

**La prosperidad**
**En mi vida**
**Únicamente**
**Viene de**
**Parte de Dios.**

Mary Escamilla
Dra.

**La noticia**
**De hoy es:**
**¡Que Dios**
**Te ama!**

Mary Escamilla
Dra.

**La mano**

**Poderosa**

**De Dios,**

**Me cubre y**

**Me guarda.**

Mary Escamilla
Dra.

**La voz de**
**Dios en su**
**Palabra me**
**Da esperanza.**

**El Evangelio**

**Es poder**

**De Dios y la**

**Salvación**

**De tu alma.**

**La provisión**
**Del impío,**
**Dios se la quita**
**Y se la da al justo.**

Mary Escamilla
Dra.

**El poder de**
**La Palabra**
**Te trae vida**
**Y esperanza.**

La única
Esperanza
Es Jesús,
El Cristo de
La Gloria.

Mary Escamilla
Dra.

**Jesús es**

**La vida.**

**Jesús es**
**El Rey.**

Mary Escamilla
Dra.

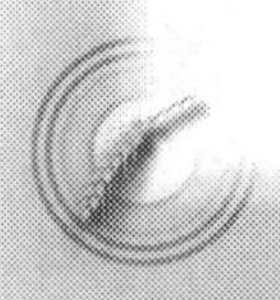

# La samaritana

# LA MUJER SAMARITANA

Es la imagen de una mujer superficial que había buscado saciar su necesidad interior en los sentimientos de un hombre, pero habiendo tenido cinco maridos anteriores sin haberlo conseguido, decide probar con el sexto llevando una vida de pecado.

¿Cuántas mujeres se identifican con esta historia buscando su tranquilidad en un hombre y, entre más tienen, más grande es su vacío interior?

Cabe mencionar que en ese tiempo no se llevaban los judíos con los samaritanos, pero Jesús rompe ese esquema de división mostrando su gran amor por esta mujer, dirigiéndose al pozo donde ella iba cada día a sacar agua para saciar su sed, la cual no lograba calmar.

Jesús estaba cansado físicamente de caminar y se sentó.

"Y estaba allí el pozo de Jacob. Entonces Jesús, cansado del camino, se sentó así junto al pozo. Era como la hora sexta.

"Vino una mujer de Samaria a sacar agua; y Jesús le dijo: Dame de beber." San Juan 4:6, 7.

Jesucristo llevaba una misión, enseñarle las cosas espirituales que ella desconocía por su pecado, las cuales la tenían apartada del Creador.

Ella no entendió al principio la plática del Maestro, pero al final fue transformada por sus palabras y maravillada ella escuchó lo que Jesús le decía, reconociéndolo como el verdadero Profeta.

Su vida dio un giro total ya que fue transformada por su amor y corrió a contarle a otros lo que había sucedido en ese encuentro. Porque ella había sido tocada por el Santo Espíritu de Dios.

## I-LA SAMARITANA, LA IMAGEN DEL MUNDO PECADOR.

Ella tenía una mala reputación, era posible que fuera señalada y juzgada por muchos, en nuestros tiempos la llamaríamos mundana y pecadora.

Porque vivía con un hombre, su sexto compañero y no estaba casada con él.

Pero vemos a Jesús usando estrategias, Él prepara el momento para confrontarnos; en esta ocasión los discípulos se fueron a comprar comida, Él está solo, podrían criticarlo porque Él estuviere hablando con una mujer pecadora, pero Él había descendido del cielo para llegar al corazón de ella y transformar su vida miserable.

Él siempre tiene el tiempo perfecto para tener un encuentro contigo, así como lo hizo con la mujer samaritana.

No importa los pecados que hayamos cometido, Él quiere perdonarnos y limpiarnos de toda mancha para que obtengamos la vida eterna. Porque Él nos ama.

Jesús le pide agua y la respuesta de ella fue:

"La mujer samaritana le dijo: ¿Cómo tú, siendo judío, me pides a mí de beber, que soy mujer samaritana?

Porque judíos y samaritanos no se llevaban entre sí." San Juan 4:9.

Y siempre, cuando hay división entre pueblos, ciudades o países, no podemos o queremos hablar con las otras personas y nos extraña cuando ellos nos hablan, a veces pensamos que es por clases sociales o raciales, pero ella escuchó la voz del Maestro.

Cuando Dios nos pide que le entreguemos algo, es porque Él nos quiere dar cosas más valiosas, pero muchas veces nosotros ponemos resistencia y no queremos ceder a lo que Él nos pide. Así como la samaritana, porque ella era una mujer que Dios amó.

Era agua lo que Jesucristo le pide a esta mujer, pero ella se resiste, cómo te voy a dar a ti…no puedo. Me lo prohíben.

Tú, mujer de Dios, no hagas lo mismo, está siempre atenta a escuchar su voz.

¿Cuántas veces el Señor nos ha pedido cosas y no se las hemos querido entregar?

¿Qué te pide Él hoy?

Tu tiempo, tú entrega, tu lealtad y tu obediencia, y dice:

"Dame hijo mío tu corazón y miren tus ojos por mis caminos." Proverbios 23:26.

No tengas temor, entrégale tus sentimientos dañados, los traumas, las decepciones amorosas, las traiciones recibidas, el dolor, los fracasos, Etc.

Él te dará un nuevo corazón, lo llenará de una nueva esperanza.

La mujer samaritana no podía entender el lenguaje divino porque cuando vivimos en pecado tenemos una venda en nuestros ojos que no nos deja ver. Nos negamos a recibir de ese manantial espiritual que Dios nos quiere dar.

Pero Jesucristo insiste y toca a tu puerta y a tu corazón una y otra vez, recíbelo hoy:

"Respondiendo Jesús le dijo: Si conocieras el don de Dios, y quién es el que te dice: Dame de beber; tú le pedirías, y él te daría agua viva." San Juan 4:10.

El pecado no nos deja ver las cosas espirituales, somos ignorantes, pero ante su gran amor caeremos rendidos ante Él, porque Él nos da ríos de agua viva para beber y nunca más tener sed.

Cuántas veces, nosotras las mujeres, hemos buscado llenar el vacío de nuestro corazón en el amor de un hombre. Y el hombre de igual forma, busca a una mujer sin antes llenarlo del amor de nuestro Dios y muchas veces hemos llorado porque nos han fallado. Eso es porque no pedimos la dirección de Él y nosotros decidimos y escogimos mal.

Su propio corazón la había engañado, incitándola a que buscara más relaciones. Y Jesús, viendo su gran necesidad emocional y espiritual, llega para salvarla de la condenación eterna.

Así como a ti y a mí nos quiere llenar con su amor y calmar esa sed.

Esta mujer samaritana es el simbolismo de toda la humanidad pecadora que ha sido esclavizada por el pecado, pero Jesús llega a su rescate sabiendo que ese sexto marido no le pertenecía y que se iba a volver a decepcionar y quizá pensaría quitarse la vida y perder su alma en el infierno por vivir en pecado.

¿Está sufriendo tu corazón, has pensado que todo terminó? Cuando terminas una relación o pasas por una prueba o dolor y dices, ¡estoy sola(o)!

NO, NO, NO ES ASÍ….

Él te está hablando hoy, no importa lo que hayas hecho en el pasado. Él está contigo hasta el último día de tu vida, porque eres una mujer que Dios ama.

¡En Él hay esperanza de vida! Él te ofrece el agua para que nunca más vuelvas a tener sed.

## II-JESÚS LE OFRECE EL AGUA DE VIDA.

"Respondiendo Jesús le dijo: Si conocieras el don de Dios, y quién es el que te dice: Dame de beber; tú le pedirías, y él te daría agua viva." San Juan 4:10.

Pero esta mujer sigue sin entender las palabras de Jesucristo, ya que Él le estaba hablando en un lenguaje desconocido para ella y en su propio razonamiento le cuestiona con la mente natural y empieza a ver las dificultades y le dice a Él.

¿No tienes con qué sacarla?

¿El pozo es hondo?

¿De dónde pues, tienes el agua viva?

¿Acaso eres tú mayor que nuestro padre Jacob, que nos dio este pozo del cual bebieron él, sus hijos y sus ganados?

Y ella seguía incrédula sin entender lo que Él le decía, le estaba ofreciendo la salvación de su alma.

Así somos los seres humanos, no entendemos las cosas del espíritu porque son locura, pero para todos los que le hemos recibido es poder de Dios.

Y es maravilloso cuando entendemos las cosas que Él nos dice en su Palabra.

Pero Jesús sigue tocando el corazón de esta mujer a través de esta plática.

Le hace referencia a que, si sigue bebiendo de ese pozo volverá a tener sed, pero le ofrece el agua de vida y que si la bebe nunca más tendría sed, sino que se transformaría dentro de ella en una fuente que saltaría para vida eterna. De esa manera Él puede saciar tu sed, porque tú eres una mujer que Dios ama.

Y queriéndole decir la diferencia entre el agua natural que saciaría la parte superficial, o sea los recursos humanos, son de corta duración, pero el agua que Él le ofrece saciaría la sed del espíritu para siempre y nunca más vas a tener sed con esa agua de ríos de agua viva que Él te da a beber.

Y dentro de su corazón nacería una fuente de esperanza y fluiría para saciarse tú y los demás, que es la presencia del Espíritu Santo.

Como lo hizo con ella y fue para llenarla de:

-Amor.

-Gozo.

-Paz.

-Bondad.

-Mansedumbre.

-Templanza.

-Fe.

-Benignidad.

-Paciencia.

La mujer samaritana queda impactada, aún sin entender, y le contesta:

"Señor, dame esa agua, para que no tenga yo sed, ni venga aquí a sacarla." Juan 4:15.

¿Quieres ser tú como la mujer samaritana y reconocer que el único que sacia tu sed es Él?

¿Quieres aceptar lo que Dios te ofrece hoy aunque no lo entiendas?, recíbelo, porque es entonces cuando Él puede entrar en lo más íntimo de tu corazón y nunca volverás a tener sed.

Jesús sigue diciéndole que llame a su marido y ella le habla con sinceridad, que no tenía marido pues no estaba casada con él. Posiblemente era un hombre ajeno y Jesús le recalca su verdad y le dice: "Bien has dicho", no tengo marido, porque cinco maridos has tenido y el que tienes en este momento no es tu marido.

La mujer empieza a creer que quien le hablaba no era cualquier hombre, sino un Profeta, porque Él conocía lo más íntimo de los pensamientos de la mujer samaritana, así como conoce los tuyos.

¿Quieres que Jesucristo entre a tu corazón? Él te invita a beber hoy el agua que saciará todo tu ser, toda tu necesidad.

¡Deja de ir al pozo a abastecerte de lo que no sacia!

¿Te encuentras en el pozo de la desesperación?

¿O en el pozo del abismo y perdición?

La mujer dejó su cántaro, el utensilio donde ella transportaba el agua para mitigar su sed y seguramente llevaba esa agua para su hogar.

Muchas veces nosotros no queremos olvidar y quebrar ese cántaro, cuando Dios nos ofrece un agua mejor deja que se rompa en mil pedazos y sigue al Maestro que Él te dará un corazón nuevo y una paz extraordinaria que sobrepasa todo entendimiento.

Olvídate si has bebido en el pasado aguas contaminadas o sucias, si has pasado por pruebas y sientes que hoy estás enfermo(a) de tu corazón, Él sanará tu alma y encontrarás en Él lo que tanto has buscado; ese descanso, ese gozo, esa alegría y la felicidad.

Esta mujer, después de dejar su cántaro en el pozo de Jacob, no pudo contener lo que había dentro de su alma, así que fue a la ciudad a contarle a los hombres, posiblemente a aquellos que la habían dañado, a que fueran a ver a aquél que le había dicho todo lo que ella había hecho, y ellos siendo impactados por sus palabras buscaron al Maestro. Porque la mujer samaritana fue una mujer que Dios amó.

¿Quieres ser impactada por Jesucristo e impactar a otros empezando por tu familia y que ellos reciban gratuitamente el agua de vida?, haz una oración sin pérdida de tiempo y di:

Padre Celestial, me identifico con esta mujer pecadora, he andado en busca del amor y no lo he encontrado, pero hoy vengo a ti para beber de esa agua, perdóname todos mis pecados, no tengo nada que esconder pues tú conoces todo de mí, me rindo a tus pies y te recibo como el único salvador de mi alma. Escribe mi nombre en el libro de la vida, quiero pasar de condenación a una vida eterna contigo, te lo pido en el nombre de tu Hijo Jesucristo. Amén, amén y amén.

Las personas
Sin sabiduría
Pierden el piso
Porque no tienen
El conocimiento.

Mary Escamilla
Dra.

El enemigo
De la iglesia
Es el legalismo
De los hermanos
En la Fe.

**La ira de Dios**
**Es enojo contra**
**El pecado.**

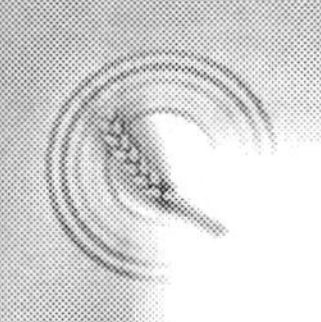

**No te inclines**
**A ningún ídolo**
**O serás juzgado**
**Por Dios.**

Mary Escamilla
Dra.

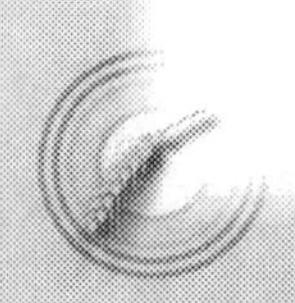

**Oración,**
**Comunión**
**Y Ayuno,**
**Te conectan**
**Con el Altísimo,**
**Todopoderoso y**
**Eterno.**

Mary Escamilla
Dra.

Jesús Jesús

Cada segundo,

Cada minuto,

Cada hora,

Cada instante

Y en todo tiempo,

Yo te alabo,

Yo te adoro

Y te exalto,

Santo de Israel.

Mary Escamilla
Dra.

Jesús Jesús

**Adora a Jesús.**

**Jesús es mi Salvador.**

**La gracia**

**De Dios**

**Me salvó.**

**Jesús es**

**El Señor.**

**Soy discípulo**
**De Jesús.**

Mary Escamilla
Dra.

La prosperidad
De los necios
E ignorantes
Los destruye.

**El que persevera**
**En Dios, obtiene**
**Verdadera paz.**

Mary Escamilla
Dra.

**Yo sirvo**
**A un Dios**
**Todopoderoso.**

Mary Escamilla
Dra.

**Yo confío en Dios**
**Sobre todas las cosas,**
**Porque Él siempre**
**Está conmigo.**

Mary Escamilla
Dra.

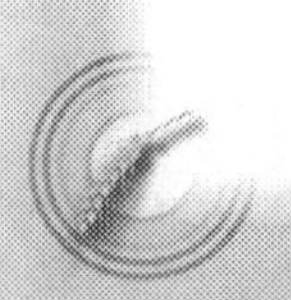

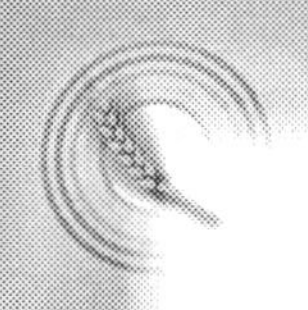

**El Espíritu Santo**
**Le da vida**
**A la Palabra.**

**El objetivo de**

**Satanás es**

**Atormentarte.**

**¡Que el Señor Jesús**

**Lo reprenda!**

Mary Escamilla
Dra.

**Los niños**

**Pertenecen**

**Al Reino.**

**¡Cuídalos!**

*Mary Escamilla*
Dra.

**Dios nunca**
**Falta a su**
**Palabra y sus**
**Promesas.**

**El poder**

**De Dios**

**Es grande**

**E infinito.**

Mary Escamilla
Dra.

**Ejerce**
**Misericordia**
**Con los demás,**
**Para que recibas**
**Lo mismo.**

Marta

# LA HISTORIA DE MARTA

Marta vivía con sus hermanos Lázaro y María, en Betania.

Ella recibe en su casa al Maestro de maestros, Jesús de Nazaret, se esmera en atenderlo, fue una excelente anfitriona, muy diligente en los quehaceres hogareños, llegando al punto de preocuparse demasiado, y esto hizo que perdiera la calma.

"Aconteció que, yendo de camino, entró en una aldea; una mujer llamada Marta le recibió en su casa." San Lucas 10:38.

Qué privilegio, qué bendición para Marta, en esos tiempos la visita el Rey de reyes, ¡extraordinario!

Porque Marta fue una mujer que Dios amó.

Vivimos en un mundo donde corremos de un lado a otro y es muy importante no caer en el afán ni la ansiedad.

Debemos tomar tiempo de reposo, eso le agrada a Dios.

Marta llegó a perder la paz por estar demasiado ocupada, un ejemplo para nosotras, que cuando sintamos que lo que estamos haciendo es una carga, descansemos y meditemos sobre nuestros caminos para no caer en el afán.

Debemos recordar que si hemos invitado a Jesucristo a nuestro corazón, Él habita en nuestro hogar y está escuchando nuestras conversaciones y nuestro quejar, debemos respetar al Huésped de

Honor y estar con esa paz que sobrepasa todo entendimiento, la paz del Señor Jesucristo.

En cambio, su hermana, se sentó a los pies de Jesús a oír las palabras que salían de su boca, pero Marta no valorizó lo que su hermana escogió y que era lo mejor, recibir el alimento para el espíritu sin estar apresurada, ella estaba en calma, en reposo.

No debemos dejar que las preocupaciones de este mundo no nos dejen buscar el rostro de nuestro Dios.

Medita, piensa que la paz es mejor.

Si no queremos que entren el afán y la ansiedad a nuestras vidas, debemos primero buscar las cosas de arriba y dejar que todo lo demás sea añadido por Dios.

Recuerda que las cosas celestiales en el cielo no tienen precio ni tesoros, no afanes aquí en la tierra por cosas vanas que te lleven al desequilibrio y al afán.

## I-MARTA SE AFANÓ EXCESIVAMENTE.

"Pero Marta se preocupaba con muchos quehaceres..." Lucas 10:40.

Las demasiadas ocupaciones nos llevarán a la obsesión, la cual es destructiva para todos, afecta la salud física, emocional y espiritual, y no resuelve ningún problema.

Al contrario, trae muchos más problemas.

¿Qué obsesión tenemos?

¿Con los amigos?...

¿Con la limpieza?...

¿Con la familia?...

¿Con el trabajo?...

¿Con el negocio?...

¿Con los estudios?...

¡Cuidado!

Cuando nos afanamos con muchas cosas queremos influir en la vida de otros e impedimos que las personas decidan hacer las cosas buenas.

Tú sé una buena influencia para los demás, el tiempo de ellos no te pertenece, no es tuyo.

A veces nos adueñamos del territorio de otros y queremos que ellos hagan y piensen como nosotros.

¡No lo hagas!

¿Es momento de pensar?

Y hacer cambios, si es necesario, con Dios todo es posible.

Disfruta lo que te gusta hacer y cuando te sientas cansado(a), descansa, tómate el tiempo para meditar en la Palabra. Si te sientes malhumorado(a) busca el consejo de su Palabra.

Allí encontrarás sabiduría e inteligencia para hacer todo, en el orden y tiempo requerido. Porque todo toma su tiempo.

Y Marta se preocupó más de lo debido, dice que, con "Muchos" quehaceres, que sí tienen importancia, pero no más que las cosas espirituales.

Busca el Reino de Dios y lo demás vendrá por añadidura.

¿Cuánto tiempo tomas en tu día para hablar con Dios?

¿Cuánto tiempo dedicas en leer su Palabra?

¿Cuántas veces al día abres la Biblia?

¿Cuánto tiempo ocupas en limpiar tu casa?

¿Cuántas veces acudes a la iglesia?

¿Cuánto tiempo ocupas en hablar por tu teléfono?

¿Cuánto tiempo hablas con tus amigos?

¿Cuánto tiempo pasas en las redes sociales?

¿Cuántas veces ministras a tu familia?

Estamos viviendo tiempos peligrosos donde necesitamos urgentemente conocer más de Dios para ser influencia y para bien de nuestros hijos, su Palabra será el espejo donde nos miraremos y corregiremos nuestra conducta.

Ocupémonos en lo que edifica nuestra alma, para no lamentarnos después.

Dedica más tiempo a las cosas espirituales porque las cosas de este mundo son vanas y pasan, pero el Reino de Dios es para toda la eternidad.

## II-MARTA SE QUEJA CON EL MAESTRO.

Marta quería controlar a su hermana, no podía comprender que ella tenía un carácter muy diferente al de ella, aparentemente inactivo a los ojos humanos.

¿Cuál es el trato con nuestros hermanos?

¿Con nuestros amigos?

¿Con tu familia?

¿Con la congregación?

Porque además de tener hermanos de sangre los tenemos en la iglesia, porque nos une la sangre de Cristo, pero a veces nos comportamos como Marta. Perdemos el propósito de la hermandad y la humildad.

Peleamos, discutimos, gritamos y hasta hemos abandonado iglesias porque las cosas no se hacen a nuestra manera.

Nos queremos poner en el lugar de los líderes y mandar a mucha gente, se adueña del cargo o servicio y cree que si no lo hace él o ella nadie lo puede hacer. Y ahí viene la falta de amor y conocimiento.

Recordemos que a nuestros hermanos les debemos respeto, pero por las demasiadas ocupaciones, incluyendo las del ministerio, nos hacen a veces perder la paz interior y lo reflejamos quejándonos. O hablando mal de ellos. Descansa, medita y pide sabiduría, no te afanes.

"Así como Marta se preocupaba con muchos quehaceres, y acercándose, dijo: Señor: ¿No te da cuidado que mi hermana me deje servir sola? Dile, pues, que me ayude." San Lucas 10:40.

A Marta le llega un sentimiento de disgusto e inconformidad, sintiéndose enfadada denuncia a su hermana descargando sobre ella los efectos negativos de sus muchas ocupaciones.

Cuántas veces hemos o estamos haciendo lo mismo en nuestro propio hogar y hemos expresado:

¡Nadie me ayuda!

¡Sólo yo hago todo en esta casa!

¡Me siento cansada(o)!

¡Mi esposo(a) no me ayuda en nada!

¡Hasta cuándo!

¡Nadie reconoce lo que yo hago!

¡Trabajo demasiado!

¡Ya no puedo más!

¡Quiero irme a un lugar lejos! Etc.

Las mujeres tenemos muchos roles en el hogar, pero debemos poner límites en nuestras actividades diarias y lo mejor es buscar el rostro de nuestro Señor Jesucristo, Él no nos quiere ver cargadas ni cansadas, debemos hacer cambios drásticos en la manera de pensar, porque estamos tan involucrados en las cosas de este mundo y no en nuestro Dios.

Marta limpiaba, cocinaba, lavaba, planchaba, decoraba y servía la mesa, llegando al punto de descargar los efectos negativos de su cansancio, quejándose con el maestro.

¡Wow! ¿Cómo es posible?, es el cansancio físico y mental, lo que la hace quejarse con el Señor.

Cuántas veces hemos dicho:

-No tengo tiempo para ir a la iglesia.

-No tengo tiempo para leer la Biblia.

-No tengo tiempo para orar.

-No tengo tiempo para la célula.

-No tengo tiempo para nada.

-No tengo tiempo para ir con el doctor.

-No tengo tiempo de estar con mi esposo.

-No tengo tiempo de arreglarme.

Y empezamos a justificarnos, haciendo una lista grande de todos los quehaceres y obligaciones que muchas veces nosotros nos hemos impuesto y no nos gusta delegar a otros, y cuando nos quieren ayudar tiene que ser a la manera que nosotros decimos. Y si no, nos disgustamos.

¡Gran error!

Así Marta, queriendo encontrar un apoyo para que su hermana le ayudara acude a Jesús, pero lamentablemente la respuesta del Maestro no fue la que ella esperaba recibir.

El problema no estaba en su hermana, sino en ella misma.

"Respondiendo Jesús, le dijo: Marta, Marta, afanada y turbada estás con muchas cosas." San Lucas 10:41.

Marta no recibe palabras de aliento sino de exhortación y eso no nos gusta a la mayoría, Jesús le dice que además de estar afanada estaba turbada, o sea estaba alterada en su estado mental y emocional. Y posiblemente espiritual al no recibir las palabras y la visita del Maestro con agrado y con calma, sin afán, como lo hizo su hermana María sin quejarse de nada recibió lo mejor.

¿Te sientes así?

¡Di Basta Ya!

Jesús le sigue exhortando a Marta, a ti y a mí, en este día:

"Pero una cosa es necesaria; y María ha escogido la buena parte, la cual no le será quitada." San Lucas 10:42.

Esto quiere decir que lo más importante en nuestra vida es escoger la búsqueda de las cosas espirituales primero, eso nos dará el balance para luego hacer los quehaceres diarios, sin llegar a estar afanados y turbados con muchas cosas y esto incluye también en el trabajo ministerial.

Cuando en la misma iglesia tenemos privilegios y queremos sólo dar órdenes a los demás, estamos ejerciendo el liderazgo sin amor, llegando a quejarnos por el comportamiento de otros. Y no queriendo hacer las cosas a las que hemos sido llamados solamente por estar cuidando lo que otros hacen y descuidas tu llamado, tu servicio y tu vida espiritual. No te afanes como Marta.

¿Lo has hecho alguna vez?

Si así fue no lo hagas más, porque tú eres una mujer que Dios ama.

Ésta es la respuesta, estamos afanados y turbados y nos hace falta doblar rodillas y escuchar su dulce voz, como lo hizo su hermana María. Escuchar la voz del Maestro.

Ella reconoció el gran privilegio que Jesucristo les visitara en su casa, cómo desaprovechar escuchar la sabiduría de Él. Y esa maravillosa enseñanza que Él le llevó.

Lo primero en nuestra vida es la comunión con Dios y después el servicio a Él, con entrega y dedicación.

¿Quieres ser feliz todos los días de tu vida?

Tu respuesta sé que será: ¡Claro que sí!

Escojamos la buena parte, con Dios todo es posible. Confía en Él sobre todas las cosas y verás su bendición.

Si sientes fracaso en tu vida matrimonial, como padre, en tu vida empresarial o en tu vida ministerial por haber estado enfocado en muchas cosas sin buscarlo a Él recuerda que:

Sus palabras son medicina para todo dolor, son esperanza para el desalentado, son motivación para el que está desanimado.

Si te has olvidado de ese invitado de honor que vive contigo, del Señor de señores, del que es el dueño de tu vida, de tu corazón y de tu alma, hoy es día de pedirle perdón, Él ha visto tu duro trabajo, tu constante quejar. Él conoce lo más íntimo de ti, así que ven a los brazos de amor, escucha sus dulces palabras y después haz tu trabajo, Él te dará el tiempo necesario sin afanarte, en calma y en reposo. Él quiere que lo que recibas de Él en secreto, nadie te lo podrá quitar porque esas palabras serán esculpidas en lo más profundo de tu ser.

Tú seguirás haciendo tu trabajo, pero disfrutando cada cosa que hagas porque lo harás para el Señor, así que de hoy en adelante todo lo que hagas en tu hogar, en tu trabajo o en la iglesia, con tu familia, hazlo descansando y el quejar de tu corazón terminará y verás a tu hermano como parte del cuerpo de Cristo y que cada uno somos importantes.

Marta había hecho un trabajo de excelencia para el Maestro, pero en su cansancio cometió una pequeña locura, hay un versículo en Eclesiastés 9:17 que dice:

"Las moscas muertas, hacen heder y dar mal olor al perfume del perfumista, así una pequeña locura, al que es estimado como sabio y honorable."

Esas moscas muertas, son a veces las palabras que salen de nuestra boca motivadas por el cansancio, que echan a perder nuestro buen perfume.

-Una mala palabra.

-Una mala expresión.

-Una mala respuesta.

-Una mala actitud.

-Un mal pensamiento.

-Un mal sentimiento.

Echemos fuera todas esas moscas que están dando un mal olor a ese perfume que Dios ha depositado en tu corazón.

Quieres pedirle perdón a Dios en este día, por no haberlo reconocido como ese huésped que debe de estar en tu hogar, haz una oración y di:

Padre Celestial, vengo a ti cansado(a) y turbado(a), con muchas cosas que me han robado la paz interior, reconozco que no te he tomado en cuenta en mi vida, que he vivido afanada(o), me arrepiento, perdóname este día, quiero descansar en ti, reconozco el sacrificio de tu Hijo Jesucristo que murió por mis pecados y resucitó al tercer día y hoy está sentado a la diestra tuya para interceder por mí, escribe mi nombre en el libro de la vida, te lo pido en el nombre de Jesucristo. Amén, amén y amén.

**Perdona**

**Todo**

**Lo del**

**Pasado,**

**Para que**

**Tu presente**

**Sea saludable.**

El espíritu

De celos

Daña tu vida

Y te

Destruye.

¡Deséchalo!

**No seas**

**Autogénico,**

**Saca todo**

**Lo que**

**Te causa**

**Daño en**

**Tu vida.**

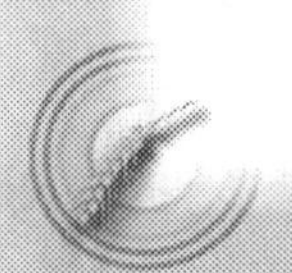

**Que no te**

**Atormente**

**Tu pasado,**

**Vive tu**

**Presente.**

Mary Escamilla
Dra.

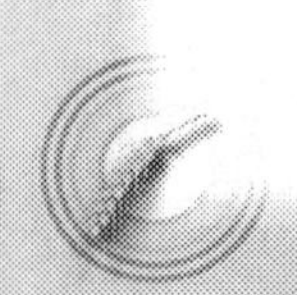

**Todas las**
**Enfermedades**
**Son espirituales.**
**Alinea tu**
**Espíritu.**

*Mary Escamilla*
Dra.

**La oración**

**Rompe**

**El yugo**

**De toda**

**Opresión.**

Mary Escamilla
Dra.

**Mi mente**

**Es conquistada**

**Por el**

**Espíritu**

**De Dios.**

Mary Escamilla
Dra.

**El que tiene**
**Muchas deudas**
**No puede ser**
**Prosperado.**

Mary Escamilla
Dra.

No te separes
De Dios nunca
Porque sin Él
No puedes
Hacer nada.

**Hay tiempos**
**Únicos en la**
**Historia.**
**¡Disfrútalos!**

**Busca a Dios Sinceramente, ¡Con todo tu Corazón!**

**La palabra**
**Más**
**Poderosa**
**Del mundo**
**Es el amor.**

**Dios no**

**Pastorea**

**A novillos**

**Tercos.**

Mary Escamilla
Dra.

El liderazgo
Lo mantienen
Las personas
Maduras.

**No seas**

**Hijo**

**Indómito**

**O rebelde**

**Como**

**Novillo.**

*Mary Escamilla*
Dra.

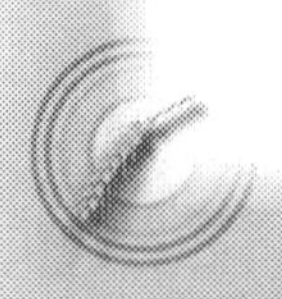

**Señor Jesús,**
**Dame la fortaleza**
**Que necesito para**
**Seguir adelante.**

Mary Escamilla
Dra.

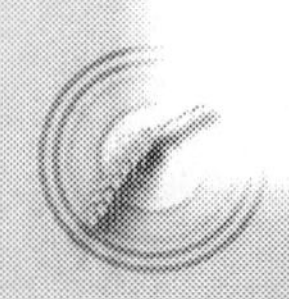

**El Señor**
**Me habla**
**A través de**
**Su Palabra.**

Mary Escamilla
Dra.

**En tiempo de crisis,**
**Desarrolla los**
**Talentos que**
**Dios te dio.**

*Mary Escamilla*
Dra.

**Donde mora el**
**Espíritu de Dios,**
**Ahí hay libertad.**

**No te pierdas**
**De sentir**
**Diariamente**
**La llenura del**
**Espíritu Santo.**

Mary Escamilla
Dra.

Hoy es el día
En que abras
Tu corazón
Al llamado
De Dios.

**Recuerda**
**Siempre**
**Muy bien;**
**Las riquezas**
**Del mundo**
**No duran**
**Para siempre.**

# María

# LA HISTORIA DE MARÍA

## María, la madre de Jesús.

Sí, María, una mujer elegida por Dios que, estando desposada con José y antes que se juntasen, se halló que había concebido un hijo del Espíritu Santo.

Sí, ella estaba encinta sin haber conocido varón.

Aunque algunos dicen que ella mantuvo su virginidad perpetua, que no tuvo más hijos, que hay que adorarla y que hasta puede interceder por los pecadores, eso no es verdad, porque no encontramos en ninguna parte de la Biblia algo que diga que así sea.

Es muy bueno escudriñar la Escritura para que nadie nos engañe. Lean siempre y vuelvan a leer para que sepan, amados lectores, cuál es la verdad y lo que está escrito en la Santa Biblia, que es la Palabra de Dios.

A la luz de las Escrituras podemos ver que todos hemos pecado y a continuación les presentamos algunos versículos que nos aclaran la verdad y nos enseñan que no fue así como lo quieren hacer pensar o mostrar algunas falsas doctrinas que enseñan cosas contrarias a lo que está escrito en la Biblia, la cual fue escrita e inspirada por el Santo Espíritu de Dios.

"Ciertamente no hay hombre justo en la tierra que haga el bien y nunca peque." Eclesiastés 7:20.

"Por cuanto todos pecaron, y están destituidos de la gloria de Dios." Romanos 3:23.

"Si decimos que no tenemos pecado, nos engañamos a nosotros mismos, y la verdad no está en nosotros." 1ª Juan 1:8.

Entonces, sepan la verdad de lo que está escrito.

Eso sí, María fue una mujer elegida por Dios para que su Hijo Jesús fuera encarnado a través de ella a este mundo para salvarnos. Y fue llena de gracia por Dios.

Qué privilegio, bendita fue y seguramente está en el Reino, al lado de su Amado Hijo, pero no como intercesora ni mediadora de nada, el único mediador es su Hijo Jesucristo con el Padre, que nadie nos engañe.

¿Qué corazón tenía María para que Dios la eligiera entre todas las mujeres y concibiera a través del Espíritu Santo?

Y bendito su vientre que Dios eligió para ser encarnado su Hijo Jesús y Salvador del mundo.

## 1-MARÍA ALABÓ LA GRANDEZA DE DIOS Y RECONOCIÓ A DIOS COMO SU SALVADOR.

Entonces María dijo:

"Engrandece mi alma al Señor y mi espíritu se regocija en Dios mi Salvador." Lucas 1:46, 47.

Eso decía María, dándole honra y gloria a su Señor.

Amaba a Dios por sobre todas las cosas, glorificó la majestad y el poder de Dios, porque ella sabía que Él tenía todo el poder.

Vemos que, en estos tiempos, nosotros engrandecemos más al ser humano que al soberano Dios Todopoderoso aplaudiendo actitudes incorrectas de otros, sólo porque se identifican con el dolor que llevamos dentro.

Pero María no puso en alto a José primero, sino su alma alabó la grandeza del Señor, su Dios.

Un ejemplo maravilloso para nosotros, que al despertarnos en la mañana exaltemos a ese Dios maravilloso que nos ha dado un nuevo día, y reconocer que Él es el único y poderoso, al que debemos de dar gracias por todo y saber que sin Él no somos nada. Así es que glorifiquémosle con cantos de adoración y exaltación, Él es el único merecedor de toda gloria y alabanza.

Ella reconocía a Dios como su Salvador y había una celebración continua en su espíritu y nunca la Biblia nos dice que ella debe de ser venerada por nosotros. Mucho menos rendirle culto o adoración. Y ella fue madre de Jesús, no de ninguno de nosotros como suelen decir muchas personas que no leen la Biblia y no la escudriñan, por eso piensan eso, pero el único Padre Celestial y Creador es Dios. Para Él es toda honra y toda gloria.

Ella fue una mujer que Dios amó y eligió para que por medio de ella naciera su Unigénito Hijo Jesús, el Salvador del mundo.

Qué privilegio y qué favor de Dios, haberla escogido a ella para que su Hijo se encarnara en María y naciera. Qué maravilloso es Dios, la usó a ella.

Y Él puede usarte a ti y poner sus ojos, pero...

¿Y a ti, qué hay en tu interior que te impide regocijarte en Dios? Tal vez:

-Malos pensamientos.

-Falta de conocimiento.

-Vanidad.

-Recuerdos de dolor.

-Orgullo.

-Enojo.

-Contiendas.

-Resentimientos.

-Falta de perdón.

-Soberbia.

-Altivez.

Necesitas conocer a tu Salvador y que Él cambie tu interior y te dé una nueva esperanza en este mundo en el cual vivimos. Ahora, cualquier cosa se hace para ejercer idolatría y cuentos, los cuales no están escritos en la Biblia. No hay nadie más a quien adorar, únicamente a Dios.

Pero como mucha gente quiere engañar por eso lo hacen, para distraer a las personas y que no sepan la verdad la cual ya está escrita en la Biblia, que es la Palabra de Dios. ¡Que nadie los engañe!

María nos da el ejemplo de magnificar el nombre de Dios, y reconocer su poderío y majestad.

Porque ella misma lo reconocía como el Dios Todopoderoso, como su Señor.

Qué gran mujer que Dios amó.

## 2-MARÍA TENÍA UN CORAZÓN HUMILDE.

Al afirmar esto, vean ustedes cómo ella se expresaba de su persona cuando se dirigía a Dios:

"Porque ha mirado la bajeza de su sierva;

Pues he aquí desde ahora me dirán bienaventurada todas las generaciones." Lucas 1:48.

Reconoce que, sin merecerlo, la van a llamar dichosa.

María era una mujer humilde al sentirse pequeña ante los ojos de Dios. Es extraordinario que Dios la haya elegido a ella para traer al mundo a su Unigénito, el cual es sustancial al Padre de la misma naturaleza, noten ustedes, dice al Padre no a María.

Sé siempre humilde, así como lo fue María.

El humilde goza de muchas bendiciones de Dios como éstas, porque Dios siempre:

-Pone a los humildes en altura. Job 5:11.

-"El deseo de los humildes es oído por Dios." Salmo 10:17.

-"Es atendido por Dios." Salmo 138:6.

-"Jehová exalta al humilde." Salmo 147:6.

-"Hermoseará a los humildes con la salvación." Salmo 149:4.

-Con los humildes está la sabiduría. Proverbios 11:2.

¿Quieres gozar tú de estas bendiciones en tu vida?

Sé humilde y humíllate ante Dios.

Reconoce tus debilidades, tus limitaciones y no te creas sabio en tu propia opinión. María nos dejó una gran enseñanza de su humildad. Esa joven, quizás ella se asustó y fue muy difícil siendo virgen tener un hijo sin casarse. Pero ese diseño perfecto ya lo tenía Dios en sus planes, que así concibiera del Espíritu Santo al Salvador del mundo, Jesús, el Cristo de la gloria. Qué ejemplo de humildad y Dios la puso en altura por generaciones.

Una mujer que Dios amó por su obediencia y humildad, quien siendo virgen y sin saber nada espera un hijo, qué difícil debe haber sido para ella porque aún era joven y una gran sierva temerosa de Dios. Qué extraordinario y vean lo que María dice.

## 3-MARÍA TESTIFICA QUE DIOS HA HECHO GRANDES COSAS.

Ella reconoce y exalta a Dios como grande, poderoso santo y misericordioso.

"Porque me ha hecho grandes cosas el Poderoso, dice;

Santo es su nombre, Y su misericordia es de generación en generación A los que le temen." Lucas 1:49, 50.

Y los que alaban su Santo Nombre.

-Hizo proezas con su brazo. (Lucas 1:51).

Ella conocía las Escrituras y sabía que el brazo de Dios era fuerte, que había hecho cosas valerosas y heroicas con su pueblo como el Todopoderoso que es, el que era, el que es y el que viene, porque Él vive por los siglos de los siglos.

Dios puede hacerlo con tu vida hoy; primeramente, quiere sacarte de las tinieblas a su luz admirable, y ese brazo no se ha acortado, apóyate en ese brazo y Él te abrazará si necesitas afecto en tu corazón, si alguien te abandonó o si acaso te engañaron, ese brazo quiere fortalecerte para que ya no llores ni te lamentes; ese lamento conviértelo en gozo y agradecimiento a Dios por todo lo que tienes o lo que quieres y no te ha dado. Sé agradecido(a) con lo que tienes. Deja ya de decir me hace falta, esto o u otro, ya no sigas sufriendo, levántate ahora mismo a una nueva vida, la que Él te ofrece porque te ama con un amor incondicional de hija, de princesa; de hijo, de varón de Dios.

Y María sigue diciendo:

Aquí

"Esparció a los soberbios en el pensamiento de sus corazones." Lucas 1:51.

Cuando hablamos de soberbia estamos mencionando a personas que se creen superiores a los que están a su alrededor, ya sea por su conocimiento, posición social o alguna cualidad especial, son arrogantes, orgullosos y vanidosos.

¿Cuántas veces nos hemos sentido así? Presumimos ante otros nuestras cualidades y lo que nosotros valoramos como propio, despreciando a otros. Y mucha gente lo hace así, tú no seas una más de esa estadística.

La esposa lo hace con su esposo o viceversa, el esposo muchas veces despreciándolo(a) y diciéndole:

-Tú no lo puedes hacer…

-Déjame que yo lo haga...

-Hasta cuándo vas a entender...

-No te enseñaron en tu casa...

-Todo lo dejas tirado...

-No lo sabes hacer bien. Y muchas cosas más...

Y cuando no es una esposa entendida o no toma su posición como ayuda idónea y hasta humilla a su esposo delante de otros, eso no es agradable al Señor, porque Él ha puesto al varón como cabeza del hogar. Tú mujer no tomes esa posición, respeta a tu esposo y ámalo así como Dios nos ama a todos, Él ama a su Iglesia. No seas desobediente, soberbia ni orgullosa, porque Dios deshace los planes de los orgullosos. Posiblemente por ser soberbio, has perdido a tu familia, amigos y trabajos, por tu manera de ser. No lo hagas, debes ser luz donde quiera que tú estés, muestra tus frutos. Sé una mujer que Dios ama y que tus hijos te llamen Bienaventurada y tu esposo te alabe, como dice la Palabra.

Proverbios 31:28.

Es necesario que hoy nos arrepintamos y renunciemos completamente a este gran mal, porque Dios no escucha la oración de los soberbios y la soberbia siempre nos engañará. Debemos recordar que lo que contamina al hombre es lo que sale de nuestro corazón. Acuérdate que del corazón mana la vida.

Consérvalo limpio, pero que las palabras que salen de tu boca sean de amor, de misericordia, que ministren la vida de otros, no que la destruyan.

Sigue María hablando...

"Quitó de los tronos a los poderosos, Y exaltó a los humildes." Lucas 1:52.

A todo aquel que se cree poderoso en esta tierra, pero su corazón está lejos de Dios, es quitado de su posición.

En el hogar el esposo es puesto como cabeza del hogar, debe señorear sobre su familia, pero muchos no lo ejercen con amor sino con machismo y se creen con autoridad de maltratar a su esposa y a los hijos, y muchos de ellos han perdido ese lugar que Dios les ha asignado de respeto y de autoridad. Y luego, cuando quieren tomar su posición ya no pueden, se pierde ese Orden Divino que Dios diseñó. Da respeto, Varón de Dios, para que obtengas lo mismo, el respeto de tu esposa y tu familia, así como de tu Iglesia.

Y lo mismo ha sido en la posición de esposa del hogar, muchas se han sentado en el trono que nos les pertenece creyendo que ellas pueden ejercer las dos posiciones, la de autoridad y cuando les conviene la de la sujeción, Dios está viendo desde los cielos y a todo aquel que no sea humilde lo quitará y será avergonzado.

No te expongas mujer, tú no te pongas en esa posición. Si lo has hecho, reconoce tu error y empieza hoy una nueva etapa en tu vida.

Primeramente reconoce que Dios hizo y creó todo en orden; al hombre hizo primero y después a la mujer. Toma tu posición en Orden Divino y tu matrimonio va a funcionar así, en ese orden, mujer de Dios sé humilde.

Porque Dios también te ama a ti y Él conoce lo más profundo de tu corazón y tus pensamientos.

Recordemos lo que nos dice el Salmo 138:6.

"Porque Jehová es excelso, y atiende al humilde, Mas al altivo mira de lejos."

Sin embargo, muchos queremos que nuestras oraciones sean atendidas.

¿Queremos que Dios nos exalte?

¿Queremos ser llenos de gozo?

¿Queremos ser saciados de todo bien?

¿Tener abundancia y tener y alcanzar gracia siendo orgullosos?

¿Cuál es tu respuesta?, si es SÍ, recíbelo ahora en el nombre de Jesucristo, el Unigénito Hijo de Dios.

María reconoce a Dios como proveedor para aquellos corazones que anhelan de Él, pero también les habla a aquellos ricos que quedarán sin nada por la actitud de sus corazones.

Y por su egoísmo para con el necesitado, porque no han aprendido que es más placer dar que recibir. Y que de la manera que siembren así cosecharán y serán recompensados y prosperados en todo.

La Palabra dice: "A los hambrientos colmó de bienes, Y a los ricos envió vacíos." Lucas 1:53.

Dios es un Dios de Justicia, que da pan al hambriento y eso mismo Él quiere que hagamos con otros, cuando Él habla del verdadero ayuno nos dice que si damos nuestro pan al hambriento... Nacerá la luz y que la oscuridad vendrá a ser como el mediodía.

Qué hermoso es que la misericordia de Dios llegue a nosotros cuando somos mansos, humildes y obedientes; Él nos recompensa en público.

Luego Jesucristo nos dice: "Porque tuve hambre y me diste de comer...los discípulos le preguntan cuándo te vimos hambriento y él les dice: Por cuanto lo hiciste a uno de mis pequeñitos a mí me lo hiciste."

Dios quiere que amemos la misericordia y que hagamos justicia en este mundo, para poder disfrutar del Reino de los Cielos y Él te exaltará.

Humíllate, sé noble y compartido, de esa manera Dios multiplicará y suplirá en todas las áreas de tu vida.

Digámosle hoy:

¡Ayúdame Señor a hacer tu voluntad! Vengo humillado ante ti y rindo mi vida a ti con un corazón contrito y humillado, porque tú eres mi socorro, mi proveedor y el dador de la vida.

Y termina María diciendo:

"Socorrió a Israel su siervo, Acordándose de la misericordia.

De la cual habló a nuestros padres, Para con Abraham y su descendencia para siempre." Lucas 1:54, 55.

¿Quieres recibir el socorro de Dios?

¿En qué áreas de tu vida necesitas ser socorrido?

-En tu matrimonio.

-Con tus hijos.

-En tu enfermedad.

-En tu trabajo.

-En alguna adicción.

-En una depresión.

-En la ansiedad.

-Con tus amigos.

-En tu negocio.

-En tu libertad espiritual.

-En tu cuerpo físico.

-Con tu familia.

-Ser libre de la cárcel.

Dios es grande en misericordia, su amor para contigo es eterno. Porque Él es tu Padre Amado Celestial, el que siempre está contigo.

Así, María siempre reconoció a Jesús como el único que tiene el poder de hacer milagros, lo vemos en una boda cuando el vino se había terminado y corre a Jesús a decirle que ya no había vino y Jesús le dice: Mujer aún no ha llegado mi hora y luego María les dice a las personas "Hagan todo lo que él les dijere".

¿Qué milagro necesitas hoy?

Que Él restaure tu vida, porque Dios hace posible lo imposible.

María debe ser respetada como la madre terrenal de Jesús, en una ocasión una mujer le salió de entre la multitud y levantó la voz y le dijo: "Bienaventurado el vientre que te trajo, y los senos que mamaste y Jesús le dijo: Antes bienaventurados lo que oyen la palabra de Dios y la guardan." Como podemos ver, para Jesús la obediencia era más importante que ser la persona de quien Él nació.

Dios amó a María como la madre de Jesús y Él la eligió para que fuese la madre de su Unigénito Hijo, pero no para ser venerada como muchos suelen hacer creer y menos para ser intercesora de nadie. La Biblia no lo menciona en ningún versículo.

La Biblia nos enseña que hay un solo Dios y un solo mediador entre Dios y los hombres, Jesucristo hombre, por lo tanto ni María puede interceder por nosotros al Padre Celestial. Muchos hemos sido mal enseñados, pero a luz de la Escritura, que es la palabra de Dios, vemos la verdad, por eso te invito a que la leas, porque la Biblia interpreta a la Biblia.

Ahí entenderás todo y podrás adorar al padre en Espíritu y verdad. Y nadie puede decirte lo contrario de lo que está escrito.

No podemos adorar a ningún humano, ni aun si se nos presenta un ángel. En el libro de Apocalipsis encontramos a Juan, el que vio y oyó las profecías y se postró para adorar a los pies del ángel que le mostraba todas las cosas y el ángel le dijo: "Mira no lo hagas; porque yo soy consiervo tuyo...Adora a Dios".

María fue el hermoso instrumento que Dios usó para que su hijo naciera en su vientre, ahora Jesucristo quiere que lo dejes nacer en tu corazón, ella nos da testimonio de lo hermoso que había en su corazón así como en su persona, una verdadera y humilde sierva de Dios. Debemos de aprender de ella, sin adorarla.

Déjame hacer una reflexión.

Si te consideras un hijo de Dios por creación y no por convencimiento o emoción, déjalo entrar hoy en tu corazón como tú verdadero Padre Celestial Amado, te invito a que lo hagas haciendo una oración y di:

Padre Celestial, creador de todo lo que existe, quiero abrir mi corazón y pedirte que me limpies de todo pecado, sé que te he ofendido no poniéndote en primer lugar en mi vida, recibo en mi corazón a tu Hijo Amado Jesucristo, renuncio a toda idolatría, escribe mi nombre en el Libro de la Vida, te lo pido en el nombre del que dio su vida por mí en la Cruz del Calvario y derramó ahí su preciosa sangre para salvación de mi alma. Amén, amén y amén.

**Permanece**

**En Cristo,**

**Para que**

**Puedas**

**Irte con Él.**

Mary Escamilla
Dra.

**Puedes**

**Burlarte**

**De Dios**

**Si tú quieres,**

**Pero no te**

**Quejes**

**Cuando**

**Venga el**

**Juicio.**

Mary Escamilla
Dra.

**Cuando tú**
**Mueres en Cristo,**
**Te vas al Cielo.**
**¡Qué bendición!**

**La Revelación**
**Te la da Dios**
**Cuando tienes**
**Sanidad interior,**
**Él te da sabiduría.**

*Mary Escamilla*
Dra.

# La Vid

**Yo depende**

**Del amor**

**De Dios,**

**No de los**

**Hombres**

**Y tengo la**

**Felicidad,**

**Libertad y**

**Gozo.**

*Mary Escamilla*
Dra.

**Dos lugares**
**Donde se**
**Van los muertos:**
**Al Cielo,**
**Por su obediencia.**
**O al Infierno,**
**Que es lago**
**De fuego,**
**El lugar de**
**Tormento por su**
**Desobediencia.**

*Mary Escamilla*
Dra.

**La rebeldía y**
**Desobediencia**
**Te traen juicio.**

El profeta
Elías se fue
Con un cuerpo
Transformado.

**Dios da paz,**
**Tranquilidad,**
**Perdón y Amor.**

**No temo de**
**Mis enemigos,**
**Porque Dios**
**Está conmigo.**

Mary Escamilla
Dra.

Toda enfermedad
No tiene legalidad
Para vivir en mi
Cuerpo, porque
Jesús se las llevó
En la Cruz del Calvario.

Mary Escamilla
Dra.

# ¡Cuidado! El Malo se Disfraza de Ángel de Luz.

Mary Escamilla
Dra.

**El verdadero**
**Apóstol de Dios,**
**Pelea la buena**
**Batalla con gozo.**

Mary Escamilla
Dra.

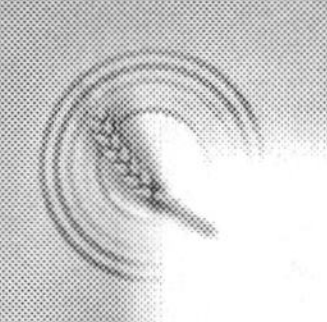

**Yo me mantengo**
**En mi convicción**
**De mi fe en Dios.**

Mary Escamilla
Dra.

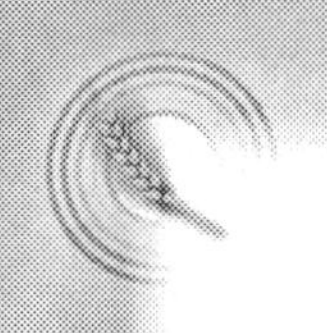

**Que tu fe sea**

**Basada en**

**La Palabra.**

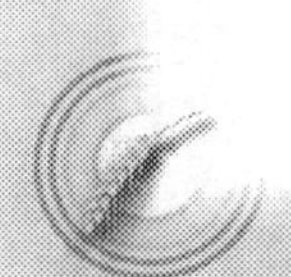

**Cuando no tienes**
**Fundamento,**
**Cualquier prueba**
**Te derrumba.**

Mary Escamilla
Dra.

**Jesús,**
**El Hijo**
**De Dios,**
**Vino a**
**Salvarme.**

Mary Escamilla
Dra.

**El que aborrece**
**La enseñanza,**
**Es necio de**
**Entendimiento.**

Mary Escamilla
Dra.

**Mi fe está**
**Basada en la**
**Resurrección**
**De Jesús.**

Mary Escamilla
Dra.

**Hoy me**
**Arrepiento**
**De mis pecados**
**Y vengo a la**
**Cruz de Jesús.**

**No hables Sandeces, Pronuncia Palabras de Sabiduría.**

**Las palabras**
**Carentes de Fundamento**
**Son vanas.**

**Siendo todos**
**Viles pecadores,**
**Jesucristo murió**
**Por nosotros.**

# EPÍLOGO

Las características de todas las mujeres que encontramos en la Biblia, en todas las historias aquí escritas, vemos que fueron obedientes, sabias, entendidas, valientes y que siempre siguieron Instrucciones Divinas y sobre todo, todas pero todas al final se arrepintieron y Nuestro Señor siguieron la Instrucción Divina.

Qué hermosas características de todas ellas y qué servicio tan extraordinario para el Señor, porque fueron mujeres que Dios amó, mujeres dignas de admiración, llenas de amor, de gracia y de fe.

Quizás hubo algunas pecadoras, adúlteras, desobedientes, Etc., pero todas al final se arrepintieron y Nuestro Señor Jesucristo las perdonó, las salvó y ellas nos dejaron una enseñanza de amor y obediencia a Dios.

Todas ellas perseveraron hasta el final y fueron recompensadas por Dios. Qué maravilloso es servir al Señor con todo tu corazón, con toda tu mente y con toda tu alma.

Verdadero ejemplo a seguir de cada una de ellas, verdadera enseñanza, siempre pusieron todo en las manos de Dios y siguieron la instrucción divina.

Sirvieron con entrega, con humildad, con amor, con fe, con obediencia, con arrepentimiento, con bondad y sobre todo fueron mujeres virtuosas y generosas, con piedad.

**¿Con cuál mujer te identificas?**

**1 Infiel**
**2 Cuidadora**
**3 Abandonada**
**4 Amadora**
**5 Estéril**
**6 Prostituta**
**7 Mentirosa**
**8 Endemoniada**
**9 Creyente**
**10 Fiel**
**11 Abusada**
**12 Evangelizadora**
**13 Fornicaria**
**14 Adúltera**
**15 Obediente**
**16 Vanidosa**
**17 Temerosa**
**18 Sabia**
**19 Entendida**
**20 Valiente**
**22 Guerrera**

# BIOGRAFÍA DE LA REVERENDA MARY ESCAMILLA

La escritora nació en un bello Estado de la República Mexicana. Desde niña sintió inclinación por las letras, especialmente por los versos que escribía para diferentes eventos de la escuela primaria. En el transcurso de sus estudios de secundaria y preparatoria, se reveló en ella una fuente de inspiración que nunca la ha abandonado. En aquella época empezó a escribir historias para libros, guiones cinematográficos y letras de canciones (hasta la fecha más de 3.000), en su mayoría de contenido positivo, que dejan un buen mensaje; así como alabanzas y libros cristianos.

Mary Escamilla afirma: "Cuando acepté a Cristo vino a mi vida una fuente de inspiración divina y así empezó esa grande bendición de escribir más y más. Entre mis nuevas obras están los Milagros de Dios; Bendito Regalo de Salud Natural (con plantas, frutas y verduras); Limpia tu Cuerpo, tu Mente, tu Alma y Corazón; Balance de Vida; Dios Está en Todo Lugar y en Todo Momento, Gotitas de Limón y Miel, De la Luz a la Oscuridad, entre otros.

He escrito más de 200 alabanzas y cantos cristianos. En la actualidad soy Ministro Ordenado de la Economía de Dios. El Señor me ha usado grandemente para predicar el Evangelio a través de los libros como escritora y agradar a Dios en las alabanzas".

Otra faceta de Mary Escamilla es la de doctora en Naturopatía, terapeuta y consejera de salud natural. Por más de 25 años ella ha estado al aire en programas de radio y televisión, dando consejos a su comunidad sobre nutrición y salud.

Mary Escamilla aparece en el libro de National Register's Who's Who in Executive and Professionals, de Washington D.C., y en medios impresos como Selecciones Hispanas, Presencia y Enlace USA, entre otros. De igual manera ha participado en programas cristianos de radio y televisión por su faceta profesional y por los libros que ha escrito y publicado, que en la actualidad son más de 53 y 16 audiolibros.

## Reflexión de una mujer hablando con Dios...

No sé ni cuántas veces
escuché que había
un Dios que me salvaba.

Pero yo no escuchaba nunca nada,
y en los placeres del mundo
siempre andaba.

Pero llegó el tiempo
en que mi corazón ya lo necesitaba,
clamaba en oración
porque a mi vida Él llegara.

Y un día me escuchó en oración
y me dijo que a diario Él me visitaba.

Y ahora es mi amigo fiel,
en todos los momentos
Él siempre está conmigo
y me dice que me ama
y que estará conmigo
hasta el último día de mi vida.

## Mujer (poesía)

Mujer, tu padre ya pagó
el rescate por tu vida.
Mujer, no te preocupes más
Él ya ha sanado tu corazón
de todas las heridas.

Mujer, no creas más en las mentiras
que te dice el enemigo,
porque tú tienes libertad
y porque tu Padre Celestial
pagó el rescate por tu vida
y Él a cambio dio la suya.

Mujer, tú tienes
el regalo más hermoso
de parte de tu Padre Celestial;
la salvación de tu alma
y de llevar en tu vientre una vida,
mira, ¡qué maravilla!

Mujer, tú debes de
ser agradecida porque
tu Padre Celestial te ama tanto
que te cuida y dio su vida
a cambio de la tuya.

Porque te amó y
te ama todavía.
Por eso sé agradecida.

Todo vuelve
todo vuelve,
siembra lo que
quieras cosechar.

Atrévete, todo
vuelve, todo vuelve,
decídete ahora
si es que vas a amar.

Todo vuelve, todo
vuelve, todo vuelve
siempre a su lugar
si amas a alguien
siempre dale libertad.

Todo vuelve, todo vuelve,
siembra lo que
quieras cosechar.

No queremos que termines de leer un libro más, si has sentido que necesitas de ese Ser Maravilloso que dio su vida por ti en la Cruz del Calvario; éste es el día que le entregues todo tu corazón. Te invito a que hagas una oración y di:

***Padre Celestial, vengo a ti reconociendo que soy pecador(a), quiero que en este día perdones todos mis pecados. Sé que moriste en la Cruz del Calvario por mí, para que yo recibiera la salvación de mi alma.***

***Señor, te recibo en mi corazón como mi único y suficiente salvador de mi alma. Escribe mi nombre en el Libro de la Vida, te lo pido en el nombre de Nuestro Señor Jesucristo. Amén, amén y amén.***

***Amén al Padre***
***Amén al Hijo***
***Amén al Espíritu Santo***

Printed in the United States
By Bookmasters